Couverture inférieure manquante

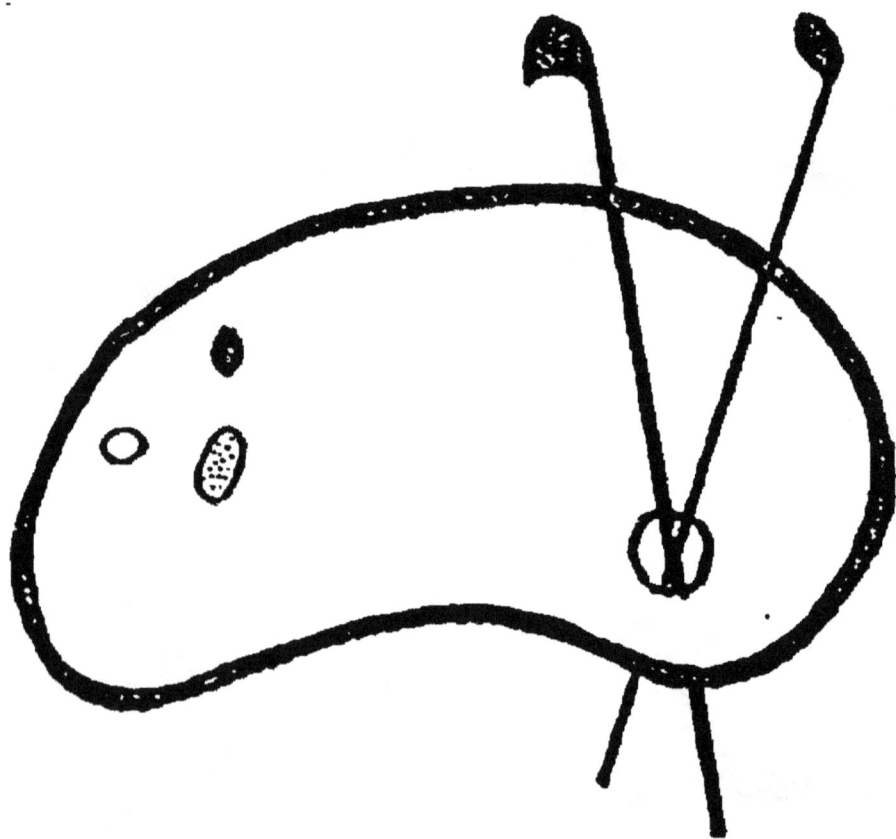

DEBUT D'UNE SERIE DE DOCUMENTS
EN COULEUR

Marius CONSTANS

Causerie de Crec...

Le

Grand Schisme

D'OCCIDENT

ET SA

Répercussion dans le Rouergue

RODEZ

E. CARRÈRE, ÉDITEUR

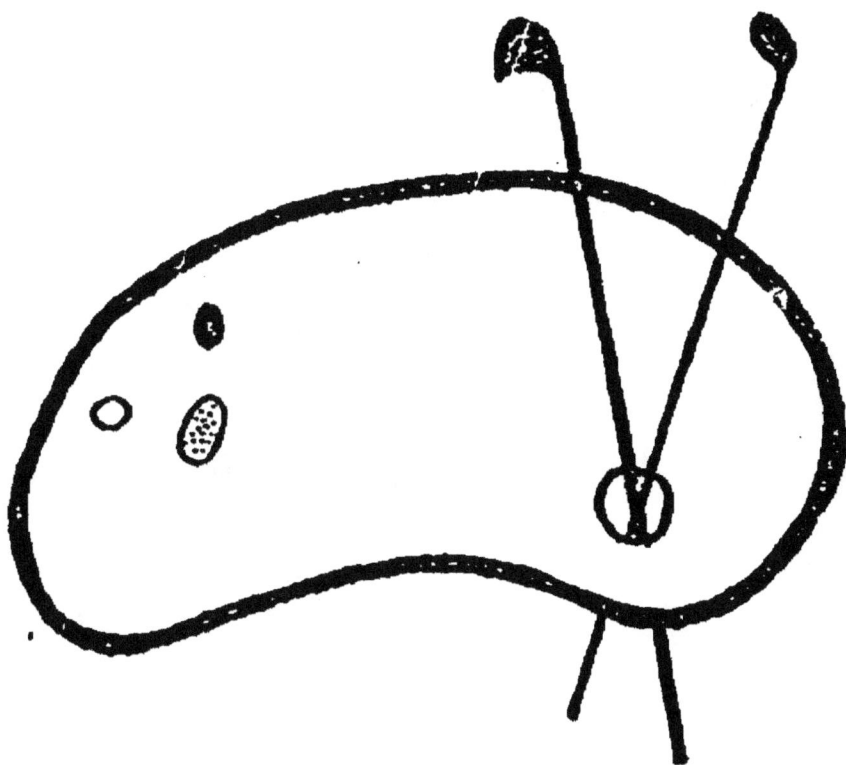

FIN D'UNE SERIE DE DOCUMENTS
EN COULEUR

Lk²
5114

LE

GRAND SCHISME D'OCCIDENT

ET SA RÉPERCUSSION DANS LE ROUERGUE

Marius CONSTANS

Le
Grand Schisme
D'OCCIDENT

ET SA

Répercussion dans le Rouergue

RODEZ

E. CARRÈRE, ÉDITEUR

AVANT-PROPOS

Le Rouergue a produit des personnages qui ont brillé au premier rang dans les situations, les
plus élevées. Dans la longue liste
qu'on pourrait donner des généraux, prélats, magistrats, philoso-
phes, écrivains, savants, artistes,
il manquait un pape. Des documents récemment découverts per-
mettent d'avancer que cette lacune

est comblée et que le Rouergue peut désormais en inscrire *presque* deux dans ses annales. Je dis *presque*, car le premier, Grégoire XI (1336-1378). est né dans le bas Limousin et il ne se rattache au Rouergue que pour avoir été sacriste de Rodez et curé de Sainte-Eulalie-d'Olt (1). Le second semble nous appartenir davantage : c'est Benoît XIV, qui paraît être du Rouergue. Mais, en revanche, il ne fut qu'un antipape, auquel les dictionnaires biographiques n'accordent même pas une courte mention, malgré son existence bien réelle, dont la dernière partie du

1. D'après M. l'abbé Calmet.

présent travail fera connaître la très curieuse histoire intimement liée à celle du grand schisme d'Occident et à celle de la maison d'Armagnac (1).

Avant d'y arriver il est bon de rappeler brièvement les diverses phases de cette période si tourmentée de l'histoire de l'Église. Puis nous exposerons le rôle de Benoît XIII qui compta les d'Armagnac parmi ses plus zélés partisans, et enfin nous raconterons les événe-

---

1. Les d'Armagnac étaient comtes de Rodez, depuis le commencement du xiv⁰ siècle , par suite du mariage de Bernard d'Armagnac (1298) avec Cécile, qui était devenue comtesse de Rodez, en 1301, à la mort de Henri II, son père. C'est Jean, leur fils, qui le premier réunit en lui les deux titres de comte, par la grâce de Dieu, d'Armagnac et de Rodez.

ments qui, avec l'élection de Benoit
XIV par Jean Carrier, intéressent
plus spécialement le Rouergue.

LE
GRAND SCHISME
D'OCCIDENT

ET SA

RÉPERCUSSION DANS LE ROUERGUE

~~~~~~~~~~~~~~~~~~~~~~~~~~~~

I

LE GRAND SCHISME D'OCCIDENT

L'événement important de l'histoire de la papauté connu sous le nom de grand schisme d'Occident commence en 1378, après le séjour de soixante-dix ans que les papes firent à Avignon et qu'on appelle la captivité de Babylone (1309-1378).

A la mort du pape Grégoire XI,
celui-là même que nous avons cité
plus haut, le conclave sous la
pression du peuple romain qui
voulait un pape italien et résidant
à Rome, élut l'archevêque de Bari
qui prit le nom d'Urbain VI. A
peine libres et d'ailleurs effrayés de
ses premières réformes, les cardinaux du parti français protestèrent
contre cette élection forcée et élu-
rent, à Fundi, Robert de Genève
qui s'appela Clément VII, condot-
tiere plutôt qu'homme d'Église. Le
premier resta à Rome et le second
alla résider à Avignon où habi-
taient les papes depuis 1309. Les
deux rivaux, s'appuyant sur les
bandes armées qu'ils avaient le-

vées pour les défendre , s'excommunièrent mutuellement. C'est l'o-
rigine du grand schisme d'Occident qui allait désoler l'Eglise pendant trois quarts de siècle.

Quand on songe à l'empire que
la papauté exerçait sur les âmes
si chrétiennes du moyen âge, on
devine l'angoisse qui déchira les
consciences à la nouvelle de cette
double élection. Quel affligeant spec-
tacle ! et quel coup funeste porté
à la foi des peuples ! C'était une
rude épreuve à laquelle devaient
être soumis tous les chrétiens, les
Etats de l'Europe et les rois. Ce
qu'elle offrait même de plus poi-
gnant, c'est qu'elle semblait être
sans issue. Car comment des cro-

yants pouvaient-ils admettre l'intervention d'une puissance temporelle qui s'érigerait en juge d'un conflit spirituel, d'une querelle entre les deux pontifes ? Et cependant les États prenaient parti : l'Italie, la Hollande, l'Allemagne, la Hongrie, la Bohème , l'Angleterre et ses alliés embrassaient la cause d'Urbain VI. Les rois de France et leurs alliés, ceux d'Écosse, de Naples et de Castille soutenaient Clément VII. C'était donc, avec la perspective d'une guerre européenne, la guerre civile dans l'Église qui devait longtemps en souffrir !

Des désordres en furent la conséquence. Les excommunications réciproques des pontifes rivaux pro-

voquèrent des attaques non pas
seulement contre les papes, mais
contre l'Église elle-même. Wiclef en
Angleterre se distingua par la har-
diesse de ses doctrines et fit de
nombreux disciples. Jean Huss en
Allemagne se signala par ses ré-
clamations violentes contre les abus
et il fut acclamé en Bohême.

Il en résulta un profond ébran-
lement dans toute l'Europe. L'Université de Paris s'émut à son tour
et chercha les moyens de mettre
fin au schisme et de rétablir l'ordre dans les esprits et dans les
Etats. Elle proposa en 1394 ou
bien l'acceptation de la sentence
d'arbitres choisis par les deux par-
ties, ou bien la cession volontaire

et simultanée des deux concurrents,
ou enfin la réunion d'un concile
général qui déciderait souveraine-
ment. A ce moment Clément VII
mourut et les cardinaux ses partisans s'étaient hâtés, pour ne pas
déchoir, d'élire à sa place l'espagnol Pierre de Luna qui, devenu
Benoît XIII (1394), s'opposa à toute
tentative de conciliation.

L'union par la cession volontaire
ne pouvait se faire en raison de
l'obstination égale des deux rivaux.
C'est la dernière solution, proposée
par l'Université de Paris, celle de
la réunion d'un concile, qui, après
bien des résistances et des difficultés, finit par préval-ir.

L'Université espérait, que de cette

réunion auguste des prélats et des docteurs les plus considérables du monde chrétien, sortirait une constitution intérieure de l'Église, une organisation aristocratique substituée à la monarchie absolue des papes.

Le concile se réunit à Pise en 1409. Il comprenait 22 cardinaux, 4 patriarches, 200 évêques, 300 abbés, les généraux des quatre ordres mendiants, les députés de 200 chapitres, de 13 universités, 300 docteurs en théologie et les ambassadeurs de la plupart des rois. Il dut d'abord négocier avec les deux papes pour leur faire reconnaître son arbitrage.

Ceux-ci ne cherchaient qu'à ga-

gner du temps. Après avoir fait
échouer par leur obstination les
efforts des princes et de l'Université, ils comptaient duper aussi le
concile. Ils proposaient une entrevue pour signer tous deux leur
abdication, puis ils marchaient l'un
vers l'autre, mais s'arrêtaient, ga-
gnaient du temps en négociations,
en promesses et enfin ne se ren-
contraient pas. Sur leur refus de
comparaître, le concile lassé de
leurs tergiversations, les déclara
schismatiques et hérétiques, les dé-
posa tous deux et nomma Alexandre V (1409) qui ratifia toutes les
nominations et cassa toutes les
censures faites par les deux obédiences. Mais les deux anciens pa-

pes, ne reconnaissant pas l'autorité du concile, refusèrent d'abdiquer, excommunièrent leur nouveau collègue et le concile : ainsi au lieu de deux papes il y en eut trois : le remède n'avait fait qu'aggraver le mal.

A Alexandre V, mort en 1410, succéda Jean XXIII qui avait exercé le métier de corsaire avant d'entrer dans les ordres.

Voici du reste pour mieux suivre cette succession des papes de Rome et d'Avignon un tableau qui, en rapprochant les noms et les dates, jettera quelque clarté sur cette confusion.

Papes de 1378 à 1449 pendant le schisme

A AVIGNON	A ROME
Clément VII, 1378-1394	Urbain VI, 1378-1389
	Boniface IX, 1389-1404
Benoît XIII, 1394-1422 (?)	Innocent VII, 1404-1406
	Grégoire XII, 1406-1415
Clément VIII, 1423-1429	Alexandre V, 1409-1410
	Jean XXIII, 1410-1415
(Benoît XIV, 1425-1429)	Martin V, 1417-1431
	Eugène IV, 1431-1447
Félix V, 1439-1449	Nicolas V, 1447-1455

L'empereur Sigismond, qui avait pris l'engagement de réunir un nouveau concile, le fit convoquer par le pape Jean XXIII dans la ville libre et impériale de Constance en 1414.

Mais les difficultés n'étaient pas moindres que cinq ans auparavant : les cardinaux en effet étaient partagés entre trois obédiences. Les

concurrents ne pouvaient accepter
un concile sans compromettre leur
élection ou y renoncer. On ne devait pas d'ailleurs convoquer les
deux premiers papes, déposés déjà
à Pise, sans méconnaitre l'autorité de ce concile et d'autre part
un concile convoqué sans eux ne
serait ni reconnu ni obéi par eux.

Malgré tout, le concile se réunit
et fut comme un congrès de tout
le monde catholique. On y vit sié-
ger à côté de l'Empereur les 7
électeurs et beaucoup de princes
de l'Empire, 1 600 seigneurs, comtes et chevaliers, les députés des
villes libres, les ambassadeurs des
rois catholiques, le pape Jean XXIII,
3 patriarches, 22 cardinaux, 20

archevêques, 150 évêques (1), des abbés, prêtres, docteurs et moines en grand nombre.

Les délégués atteignaient le chiffre de quatre ou cinq mille.

Jean XXIII avec les Italiens soutint que le concile de Constance, qui n'était que la continuation de celui de Pise, n'avait qu'à exiger l'abdication des deux autres papes. Les Français demandaient qu'on fit passer le pouvoir du pape à l'aristocratie des prélats et des Universités. Le concile proclama sa supériorité. Jean alors abdiqua, puis Grégoire XII, tandis que seul Benoît XIII, retiré à Peniscola,

1. L'évêque de Vabres assistait au concile, tandis que celui de Rodez ne s'y rendit pas.

d'où il excommuniait le monde en-
tier, s'obstina à garder la tiare : il
fut déposé.

En outre, pour donner un gage
de sa fidélité à l'Église au moment
où il allait aborder la réforme, le
concile fit arrêter Jean Huss, le
jugea et le condamna comme hérétique à être brûlé (1) ainsi que
son disciple et ami Jérôme de Pra-
gue. Puis, pour en finir avec le
schisme, il élut pape (1417) Martin V, qui fit de belles promesses
et quelques réformes, prononça la
dissolution du concile et ainsi rendit à la papauté son antique puissance. Quelque temps après mou-

---

1. Il est à noter que l'évêque de Vabres fut délé-
gué pour assister au supplice de Jean Huss.

rut Benoit XIII (les historiens ne
sont pas d'accord sur la date de
cette mort qui arriva d'après les
uns en 1417, d'après les autres en
1423 ou 1424) (1). C'est à ce moment que se placent les événements dont nous aurons à parler,
qui se rattachent à l'histoire du
Rouergue et dont les préliminaires
que nous venons de raconter, quoique se trouvant rapportés dans
tous les livres d'histoire religieuse,
devaient être nécessairement rap-
pelés pour faciliter l'intelligence des
faits que nous allons avoirà ex-
poser à propos de Benoit XIII
et de Benoit XIV, de Jean Carrier

---

1. Plus probablement le 22 novembre 1422, d'a-
près M. Noël Valois.

et des d'Armagnac et par suite du Rouergue.

Rappelons brièvement, pour terminer cette première partie, c'est-à-dire l'histoire succincte du grand schisme, que les conciles de Bâle et de Florence eurent lieu sous les pontificats de Martin V et de son successeur Eugène IV, que ce dernier fut déposé par le concile qui élut à sa place un antipape, l'ex-duc de Savoie, Amédée, sous le nom de Félix V (1439) (1). Eugène IV

---

1. Ce Félix V, d'abord Amédée VIII, duc de Savoie, était le fils de Bonne de Berry et d'Amédée VII.

Bonne de Berry, devenue veuve, avait épousé Bernard VII, comte d'Armagnac, auquel elle donna pour fils Jean IV, filleul de Benoit XIII, et Bonne d'Armagnac qui épousa en 1411, au château de Gages, Charles d'Orléans qui fut fait prisonnier par les Anglais, à la bataille d'Azincourt.

Ainsi Jean IV était le père utérin de Félix V, par l'entremise duquel il épousa Anne de Bretagne.

répondit au concile en cassant ses
actes, et le schisme, qui depuis la
mort de Benoit XIII paraissait ter-
miné, recommençait. Mais, au bout
de quelques années, Félix V, brouillé
avec le concile, vint se jeter aux
pieds du vrai pontife Nicolas V,
le successeur d'Eugène IV, et renonça à la tiare, 1449. Cette date
marque la fin du grand schisme
d'Occident, avec le triomphe de la
papauté qui avait reconquis ses
États romains et accru même son
prestige par la soumission des Hus-
sites, par l'union éphémère con-
clue avec l'Église grecque et par
l'échec du dernier concile.

II

BENOIT XIII ET BERNARD VII, COMTE D'ARMAGNAC ET DE RODEZ

Il convient maintenant de reprendre avec de plus longs détails le pontificat de Benoit XIII, puisqu'aussi bien c'est son obstination et sa résistance qui amenèrent la plupart des événements rapportés plus haut, que cette résistance est due en partie à l'appui tantôt avoué, tantôt secret des d'Armagnac, comtes de Rodez, et qu'enfin c'est sa créature, Jean Carrier, qui d'abord soutint résolument sa cause et lui gagna des partisans nombreux et dévoués dans le Rouergue et puis lui donna un successeur dans la personne de l'énigmatique Benoit XIV.

Pierre de Lune, qui fut plus tard Benoit XIII, né vers 1334, était issu d'une maison illustre d'Aragon. Il se distingua d'abord à la guerre de Castille; mais après la défaite de Henri de Transtamare, dont il suivait le parti, il changea de profession. Il enseigna la jurisprudence et le droit canon à l'Université de Montpellier.

Un de ses historiens nous le représente, au physique, comme petit, maigre, avec des yeux vifs, au moral, avec une volonté forte, un caractère énergique, un rare savoir, « homme d'esprit et fort subtil à inventer des choses nouvelles ; il se faisait aimer, dit-il, et s'attirait beaucoup de louanges par sa vertu et son habileté (1) ».

Nommé cardinal en 1375 par Grégoire XI, il vota pour le pape Urbain VI, mais l'abandonna depuis pour donner sa voix à Clément VII, le pape d'Avignon. Celui-ci lui confia diverses missions en Espagne, puis à Paris. Le zèle

---

1. Voir *Histoire du Concile de Constance*, par Jacques Lenfant, 1727. — Voir Bonal, *Comté et comtes de Rodez*, p. 531-543.

qu'il manifesta pour la paix de
l'Église lui fit donner la tiare par
les cardinaux d'Avignon, à la mort
de Clément VII en 1394, mais à
condition qu'il céderait le Pontificat, si cette cession devenait né-
cessaire pour rendre la paix à l'É-
glise, comme les cardinaux en étaient
convenus avant le conclave qui
l'élut. Benoit XIII promit, jura,
ratifia sa promesse après l'élection
par des lettres au Roi de France,
à l'Université de Paris et à toute la
chrétienté. Charles VI, trompé par
les apparences, lui envoya en 1395
une solennelle ambassade compo-
sée des ducs de Berri, de Bourgogne et d'Orléans, de seigneurs,
évêques et docteurs pour obtenir

de lui un acte de cession. Le pape amusa l'ambassade, tergiversa, nia sa promesse et proposa une entrevue avec Boniface IX pour convenir des moyens de l'union. Charles VI, irrité de tant de mauvaise foi, dépêcha des ambassadeurs auprès de tous les princes de la chrétienté pour les porter à consentir à la voie de la cession des concurrents, qui était un des moyens d'union proposés par l'Université de Paris. Les menaces des princes n'eurent aucune prise sur le caractère obstiné du pape, qui refusa de se soumettre à leur décision. Alors la France se retira de son obédience, le 28 Juillet 1398, et son exemple fut imité par les autres princes,

c'est-à-dire par les rois de Castille,
de Navarre, d'Ecosse, les comtes
de Foix, et d'Armagnac, par tous
enfin, sauf par Martin, roi d'Aragon, qui était son parent. Les cardinaux firent de même, à l'excep-
tion de deux. Les armes de Charles VI, qui le fit assiéger dans
Avignon par le maréchal de Bou-
cicaut (1399), n'eurent pas, raison
de la ténacité de Benoît, qui se
savait soutenu en France par un
parti à la tête duquel était le duc
d'Orléans. Il fit si bien par ses
manœuvres et ses intrigues que la
France se remit sous son obédience en 1404, à condition qu'il
abdiquerait, si de son côté Boniface IX cédait ou venait à être dé-

posé ou à mourir. Or Boniface mourut cette année-là même, le premier octobre 1404. Il ne restait donc plus à Benoit qu'à céder suivant sa promesse. Mais Innocent VII fut élu par les cardinaux de Rome et le rusé vieillard saisit ce prétexte pour ne pas tenir sa parole, à moins que Innocent VII ne cédât aussi. En vain le pape d'Avignon provoqua à Rome une sédition qui chassa de la ville le Pape romain. La France se retira de nouveau de son obédience (1407) et la crainte d'un nouveau siège d'Avignon obligea Benoit à s'enfuir d'abord en divers lieux et à se réfugier finalement auprès d'Alphonse d'Aragon, à Péniscola, après avoir jeté l'interdit sur la France et l'avoir déclarée hérétique.

Pendant ces événements, Innocent VII était mort et son successeur Grégoire XII fut élu sur la promesse de renoncer à la tiare, si son concurrent l'imitait, pour rétablir union. Il l'écrivit même à Benoît XIII, lui offrant de lui envoyer des légats pour fixer un lieu de rendez-vous en vue de l'entente. Benoit accepta, reçut l'ambassade à Marseille et on décida une entrevue à Savone. On avait eu de chaque côté l'arrière pensée que l'adversaire refuserait et chacun escomptait le refus de l'autre pour conquérir les sympathies de toute la chrétienté. Grégoire, déçu dans ses espérances, hésita, puis recula. Alors Benoît, en habile politique, pour mettre les apparences de son côté, avança. Les négociations se poursuivirent ; néanmoins l'entrevue n'eut pas lieu, chacun faisant un pas en avant quand l'autre le faisait en arrière.

La collusion révolta l'Europe ; mais les États se divisèrent, les uns se déclarant contre Benoît, les autres contre Grégoire.

La situation de l'Église ne faisait qu'empirer.

Cependant la fin du schisme était la grande affaire du temps : la querelle religieuse occupait tous les esprits. Le moyen de la cession volontaire ayant échoué par

la duplicité des concurrents, la
France se lassa d'être dupe des
deux hommes, et un troisième concile national fut convoqué qui décida la réunion du concile général
de Pise (1409) dont il a été parlé
précédemment. Réuni pour régler
le différend, le concile ne fit que
l'embrouiller : les deux papes cités
à comparaître, refusèrent de s'y
rendre ; ils furent déclarés hérétiques, mis hors de l'Église et de-
posés tous deux. C'est Alexandre V
qui fut élu pour leur succéder ;
mais Benoit XIII et Grégoire XII,
toujours en désaccord s'entendirent
au moins en ce point que, n'étant
pas au concile, ils n'en acceptaient
pas les arrêts et n'en reconnais-

saient pas l'autorité : ils jetèrent
l'anathème sur Alexandre et le concile, et de cette assemblée qui devait refaire l'unité, sortit, contrai-
rement à son attente, l'*abominable
trinité*, comme l'appelle Gerson.
Le dernier moyen avait été encore
moins efficace que le précédent.
Au lieu de deux papes, il y en
avait maintenant trois.

Pendant le concile de Constance,
après l'abdication de Grégoire XII
et de Jean XXIII. Benoît resté seul
eut peut-être l'espoir que la situation s'améliorerait pour lui. Il vint
à Perpignan en 1416 et adressa
de nouvelles propositions ; il de-
mandait l'annulation des décisions
de Pise, la dissolution de l'Assem-

blée de Constance, la convocation
d'un nouveau concile dans une
autre ville, où il se réservait le
droit d'élire un autre pape, pro-
mettant enfin de faire la cession
après qu'il aurait été reconnu Pontife légitime par le concile. Il soutenait « qu'il était le vrai pape ;
que ce n'était pas lui qui entrete-
nait le schisme, mais l'assemblée
de Constance qui n'avait qu'à le
reconnaître, les deux autres papes
ayant renoncé à leur prétendu droit ;
que c'était renouveler le schisme en
faisant une nouvelle élection : car
il y aurait deux papes, puisqu'il
était bien résolu à ne pas aban-
donner jusqu'à la mort la nacelle
dont Dieu lui avait confié la di-

rection ; que lui seul d'ailleurs pouvait élire le pape, parce qu'il était
le seul des cardinaux promus par
Grégoire XI, avant le schisme, et
par conséquent le seul dont la pro-
motion fût incontestable. » ·

Voilà la thèse qu'il affirmait
nettement et on doit reconnaitre
qu'elle ne manquait pas d'habileté.
Il la défendit avec vigueur devant
les députés, à la tête desquels était
l'Empereur lui-même, que le concile avant d'en venir aux moyens
suprêmes lui envoya à Perpignan,
et qu'il harangua un jour pendant
sept heures sans fatigue apparente.
Convaincu de l'impossibilité d'une
entente, l'Empereur, avec les ambassadeurs du concile, se retira à

Narbonne, mais consentit toutefois, sur la prière des rois d'Aragon, de Castille, des comtes de Foix et d'Armagnac et quelques autres, à rouvrir les négociations. En vain les rois, les princes, les comtes de Foix et d'Armagnac eurent recours aux prières, aux objurgations, aux menaces. Benoît qui n'avait rien perdu de son obstination malgré ses quatre-vingts ans, resta inflexible. Voyant qu'il allait être abandonné de toute son obédience, il se retira à Collioure d'où il menaça à son tour fièrement cardinaux et évêques, rois et empereur de les poursuivre par l'un et l'autre glaive. Puis à Péniscola il résista encore à une nouvelle réquisition des rois

d'Espagne, des comtes de Foix et
d'Armagnac qui, lassés d'un tel
entêtement, décidèrent d'assister ou
de se faire représenter au concile
où ils avaient jusque-là refusé de
se rendre et le firent savoir à l'Empereur et aux députés réunis à
Narbonne.

Le concile fit alors le procès de
Benoit XIII ; on releva les griefs
tirés des faits résumés plus haut :
ses promesses, ses serments, ses
refus, sa résistance, ses tergiversations : Après avoir fait mine d'accepter la voie de la cession, il l'a-
vait éludée en jouant les ambassadeurs ; à Perpignan il avait promis et juré de céder et cependant,
pressé de tenir sa parole, il avait

6

répondu que si on l'inquiétait davantage il mettrait l'église en un
tel état qu'il n'y aurait plus moyen
de la relever. Il avait persisté dans
le schisme après la déposition de
Jean XXIII et l'abdication de Grégoire XII, à Constance, où toute
la chrétienté était réunie à l'excep-
tion de l'Écosse, de l'Espagne et
des comtes de Foix et d'Armagnac.
L'Empereur s'étant rendu en personne à Perpignan avec les députés du concile et les rois d'Aragon, de Castille, etc., pour supplier humblement Benoit de rendre la paix à l'Église par la cession promise, il l'avait refusée opi-
niâtrément, s'était retiré à Péniscola dans un fort inaccessible,

laissant l'Église dans le schisme, qu'il ne se mettait pas en peine d'étouffer. Enfin il était réputé dans toute la chrétienté l'auteur du schisme. » Voilà les faits incriminés pour lesquels Benoit XII, contumax, fut déclaré hérétique et schismatique et déposé (16 juillet 1417). C'est Martin V qui fut élu.

La nouvelle sentence ne produisit aucun effet sur la volonté de Benoit. Vainement quatre cardinaux lui conseillèrent alors d'abdiquer et de reconnaitre Martin V.

Rinaldi en nomme trois : Charles, cardinal de Saint-Georges ; Alfonse, cardinal de Saint-Eustache ; Pierre cardinal de Saint-Ange. Deux prêtèrent serment à Martin V,

un était Chartreux (1). Il n'en resta
que deux fidèles à Benoît.

A l'entrevue de Narbonne, le
comte d'Armagnac avait promis,
comme les autres princes, de se
rendre au concile de Constance ou
de s'y faire représenter et d'adhé-
rer à ses décisions. Cependant il
n'y assista pas, si bien qu'avant la
proclamation de la sentence, le
concile fit demander à haute voix
si un mandataire se présentait pour
le comte d'Armagnac. Jean Gerson
se leva pour l'excuser et déclarer
que les ambassadeurs du roi de
France avaient mandat pour le

1. Peut-être franciscain : dans ce cas, ce serait
Pierre de Foix, frère du comte de Foix, dont il sera
parlé plus loin (p. 42, note 1).

comte qui conformerait sa conduite
à celle du roi. Mais le mandat ne
parut pas suffisant et, malgré son
absence, on passa outre et la déposition de Benoît XIII fut prononcée.

Sans doute plusieurs ennemis du
comte et notamment l'empereur
Sigismond auraient voulu faire condamner aussi d'Armagnac ; mais
quoiqu'il ne fût pas présent et que
son éloignement pût être inter-
prété par quelques-uns comme la
preuve tacite de son attachement
à Benoît XIII, on n'osa pas le
déclarer schismatique parce qu'il
était, à ce moment , le puissant
connétable qui avait en mains le
roi et le gouvernement de la France
« et que sa condamnation pour-

rait entraîner quelque plus grand désordre (1) ».

Les relations amicales des deux personnages dataient de longtemps et on peut les suivre par quelques faits depuis l'origine du pontificat de Benoit XIII. C'est ainsi que le 17 août 1396 un commissaire du Pape avait absous le comte d'Armagnac d'une excommunication prononcée contre lui pour avoir retenu en prison l'archevêque d'Auch. Au mois d'octobre suivant Benoît XIII, représenté par l'évêque d'Albi, était avec le duc de Berry, le parrain de Jean, fils aîné du comte d'Armagnac (2).

---

1. Bonal, *Comté*, p. 539.
2. Le baptème fut conféré par Raymond II de la Salle, abbé de Conques, dans l'église des Cordeliers de Rodez, le 24 octobre 1396.

Ces rapports favorisaient sans doute dans le Rouergue la publication et la diffusion d'écrits en faveur de Benoît XIII ; car « des lettres royales en date du 12 septembre 1397 ordonnent au sénéchal du Rouergue d'empêcher de dogmatiser et de publier des écrits combattant la voie de la cession de la part des deux papes », voie choisie par le roi pour éteindre le schisme (1).

Un peu plus tard, c'est encore l'intervention de Benoît XIII qui mit fin à un différend très grave qui avait éclaté entre le comte de Foix et celui d'Armagnac. Bonal nous apprend (2) que le pape délé-

1. De Gaujal, II, p. 260.
2. *Comté*, p. 522.

gua pour les réconcilier messire
Simon Sauveur, archidiacre d'Y-
lerde, qui arriva en Gascogne et
les trouva prêts à se battre en duel.
Il fit si bien qu'il rétablit entre
eux l'accord que d'Armagnac accepta d'ailleurs volontiers parce
qu'il était pressé de se rendre à
la cour où le roi venait de le nommer connétable (18 nov. 1415) (1)
et de lui confier la direction des
affaires du royaume après la bataille d'Azincourt et la mort du
connétable d'Albret (25 oct. 1415).
Il existe, en effet, un bref adressé
par Benoît à d'Armagnac « pour l'en-
gager à écouter les raisons de l'ar-

---

1. De Gaujal, T. II, p. 297. — Bosc, p. 447.

chidiacre d'Ylerde qu'il envoyait ex-
près vers tous les deux. »

L'assemblée de Constance avait
décidé que tous les princes chrétiens devaient être informés de la
déposition de Benoit XIII par des
députés du concile, et le personnage qui fut envoyé auprès de la
cour de France, fut adressé par
ordre au duc de Bourgogne, que
le concile considérait comme le vrai
régent pendant la maladie du roi
et non vers le roi lui-même qu'on
disait prisonnier du comte d'Armagnac.

Le duc de Bourgogne profita na-
turellement de cette ambassade pour
en faire conclure à l'approbation
solennelle de sa cause par le concile

7

de Constance et à la condamnation implicite du comte d'Armagnac comme suspect d'hérésie (*relut
au schisme*, dit Bonal, p. 541). C'é-
tait un appoint important dont bé-
néficiait ainsi le duc de Bourgogne ;
car le moyen de se rendre populaire, au milieu du trouble que la
grande affaire religieuse apportait
dans tous les esprits, était de tra-
vailler à l'extinction du schisme
et c'était ordinairement le premier
soin des deux partis Armagnac et
Bourguignon quand l'un ou l'autre
arrivait au pouvoir. Ce dernier
trouva un autre appoint considé-
rable dans la mort de Bernard qui
fut massacré à Paris le 12 juin 1418.

On sait le rôle prépondérant que

Bernard VII, comte d'Armagnac et de Rodez, le fameux connétable, joua pendant la lutte entre les Armagnacs et les Bourguignons, si prééminent que son nom se substitua à celui des d'Orléans qu'il soutenait de son épée. Il se révéla grand capitaine, homme de tête et d'action, fier, courageux, mais cruel, inflexible et despote et son caractère fut la principale cause de sa fin tragique.

Son fils, Jean IV, lui succéda et essaya d'effacer un peu dans ses États le souvenir des cruautés de son père (1).

---

1. Le comte de Foix avait compté pour obtenir cette intervention du Pape sur le crédit de son frère, Pierre de Foix, moine franciscain, qui se tenait auprès de Benoît par lequel il avait été créé cardinal : ce fut un des cardinaux qui l'abandonnèrent au concile de Constance. (Bonal, *Comté*, p. 522).

Certains historiens ont dit que Benoît XIII, à la fin de ses jours, s'était retiré auprès de Jean IV, les uns au château de Gages, les autres à Jalenques ; mais c'est à Péniscola qu'il mourut comme le dit Bonal (p. 542) qui ajoute que les cardinaux qui lui étaient restés fidèles lui donnèrent pour successeur, sous l'inspiration du roi d'Aragon, un espagnol, Gilles de Mûnoz, qu'ils nommèrent Clément VIII. Ce Clément se porta pour pape pendant quatre ou cinq ans, bien que méprisé de tous, et après la défection de ce roi il renonça à la papauté le 26 juillet 1429 (1).

---

1. Bonal, p. 543,

L'affirmation de ces historiens, quoique erronée, prouve du moins que Jean IV était resté fidele aux sentiments de son père à l'égard du Pape d'Avignon ; mais plus il conservait de sympathie intime pour Benoit . XIII, plus il crut devoir, par les besoins de sa politique, affecter de soumission à Martin V, le nouveau pape de Rome. Son hypocrisie fut découverte et l'interdit fut jeté sur Rodez.

III

JEAN CARRIER ET BENOIT XIV : LE SCHISME

DANS LE ROUERGUE.

Pour cette dernière partie, la plus neuve de notre travail, nous suivrons fidèlement une brochure de M. Noël Valois (1), intitulée :

---

1. Les principales sources consultées e cités par M. N. Valois sont : Baluze : *Miscellanea*. Archives du Vatican. — Bulles de Benoit XIII, Martin V, etc.

La prolongation du grand schisme d'Occident au xve siècle dans le Midi de la France, et lue le 21 Juillet 1899 à l'Académie des Inscriptions et Belles-Lettres.

Parmi les plus zélés partisans de Benoit XIII figure au premier rang Jean Carrier (1), que des chroniqueurs font naître à Espalion.

-- Lettres de nonce. -- Bibliothèque Nationale, *Collection Doat, Thesaurus novus anecdotorum.* -- De Barrau : *Documents historiques*, T. III. -- Jobelin : *Inventaire des archives communales d'Albi.* -- Zurit: *Annales de Aragon.* -- Rinaldi : *Annales ecclesiastici*, T. VIII-IX. -- Moreri : *Grand Dictionnaire historique.* -- Gallia Christiana. -- Bernard d'Ibos : *Anti-de-Gano.* -- Quicherat : *Procès de Jeanne d'Arc*, T. I. -- A. Bzovius : *Annales ecclesiastici.* -- Chroniques romanes des comtes de Foix. -- Bibliothèque Sainte-Geneviève, ms. 863. -- N. Valois : *La France et le grand schisme d'Occident*, T. Ier. -- Edm. Cabié : *Les Gorges du Viaur*, etc.

1. Cette forme de son nom résulte des comptes du comte de Rouergue, rédigés en langue vulgaire (Arch. de l'Aveyron, C. 1349, fol. 113 r°).

Ce personnage, de naissance obs-
cure, mais d'une érudition consom-
mée sur les affaires du schisme,
était devenu archidiacre de Saint-
Antonin au diocèse de Rodez,
prieur de Lédergues, puis collecteur et vicaire général de Benoit XIII
dans les États du comte d'Armagnac. Il fut condamné par contu-
mace comme schismatique par les
commissaires de Martin V et se
retira dans les gorges inaccessibles
du Viaur, au château de Tourène
(aujourd'hui dans la commune de
Crespin). L'analogie de la situation de Jean Carrier avec celle de
Benoit XIII, réfugié alors sur le
rocher de Péniscola, était telle que
le château de Tourène fut appelé

8

communément « Péniscolette » (1).

Un des nonces de Martin V vint l'y assiéger avec l'aide des Albigeois et le siège dura près de deux ans, jusqu'en 1423, sans que Carrier pût être pris.

Sur ces entrefaites survint la mort de l'inflexible pape nonagénaire Benoit XIII, probablement le 29 novembre 1422, d'après M. Valois, ou le 23 mai 1423, d'après la chronique inédite de Martin d'Alpartil, et non en 1424. Quelques jours avant sa mort le pape avait créé

_____

1. Le château de Tourène ou Péniscolette existe encore, en partie, mais à l'état de ruines. Il est situé à mi-côte, dans une gorge des plus pittoresques sur un rocher dont la partie Sud-Est en s'écroulant a entraîné une portion des constructions, entre le moulin de Tourène et le village de Louradou, sur la paroisse d'Espinassole. Il est devenu la propriété de M. Pigasse, de la Roque.

quatre cardinaux (1) pour assurer l'avenir de son parti. Carrier était l'un d'eux : mais il était alors assiégé à Tourène. Les trois autres cardinaux procédèrent à l'élection d'un nouveau pape et nommèrent à Péniscola, le 14 Juin 1423, Gilles Munoz. sous le nom de Clément VIII : c'est celui-ci qui figure ordinairement le dernier sur la liste des antipapes, avant Félix V qui ne fut nommé qu'en 1439.

Mais à la fin de 1423, Jean Carrier, évadé de sa forteresse, arriva à Péniscola et protesta contre

---

1. Une bulle de Benoît XIII (27 novembre 1422 créait cardinaux Julien de Loba, Ximeno Dahe. Dominique Bonnefoi, et Jean Carrier, archidiacre de Saint-Antonin en l'église de Rodez, ce dernier au titre de cardinal de Saint-Etienne.

l'élection de Clément VIII, entachée d'après lui de simonie et par suite radicalement nulle. En outre, pour lui, les trois cardinaux étaient dès lors déchus du droit d'élire, et comme il ne restait plus que lui, que lui seul formait le sacré collège, c'est à lui qu'incombait le soin d'assurer l'avenir de la Papauté. Au lieu d'élire Martin V, ce qui aurait mis fin au schisme, il le considéra comme inéligible en tant qu'excommunié et, le 12 novembre 1425, il élut secrètement un Français qui se fit appeler Benoit XIV. C'était probablement d'après une tradition populaire, Bernard Garnier, son homme de confiance, un des schismatiques condamnés en 1420 par

Gérald de Brie, nonce de Martin V, un des familiers du comte d'Armagnac et qui avait été sous Jean Carrier sous-collecteur apostolique et sacriste de Rodez.

Après cette nomination, Carrier quitta Péniscola et se retira chez le comte d'Armagnac, sans lui faire d'abord part de l'élection à laquelle il venait de procéder, et s'assura en secret de l'acceptation de Garnier.

Insensiblement beaucoup de partisans de Clément VIII se prirent à douter de la légitimité de sa nomination et Carrier fut sollicité plusieurs fois, mais sans qu'on parvint à lui faire rompre le silence, de procéder à une élection ou de révéler le nom de celui qu'il avait élu.

Poursuivi par les commissaires de Martin V, il se réfugia à Jalenques, près de Naucelle, et y prit le titre de lieutenant général du comte d'Armagnac, couvrant de son autorité, dit un de ses adversaires, Bernard d'Ibos, toutes sortes de crimes, pillages, rapines et meurtres. Enfin il se décida à faire connaître à Jean IV l'existence du pape qu'il avait créé et le manifeste par lequel il le lui annonça est daté du 20 janvier 1429. C'est à peu près l'époque où Martin V, condamna le comte d'Armagnac comme schismatique, hérétique et relaps, et prononça sa déchéance qui entraînait la confiscation de ses biens au profit du Saint-Siège.

Ces événements donnèrent lieu à une littérature curieuse, à des factums et à des apologies sans nombre, dont les principaux auteurs sont le frère mineur Etienne de Gan, qui s'était jeté dans le parti de Carrier et avait pris la défense de Jean IV, puis Bernard d'Ibos, évêque de Bazas, qui dans l'*Anti-de-Gano* (1429) attaque Carrier, Bernardulus que Benoît XIV venait de nommer évêque d'Hébron et Jean IV « l'*ancien* comte d'Armagnac ». Ce dernier, qui était au fond un prince très chrétien, devait être bien malheureux de toutes ces attaques sans en être plus éclairé sur la conduite à tenir. Il était fort perplexe sur la légitimité de

Martin V et sur le droit du concile
de Constance à se faire juge d'un
pape. Ne sachant à qui croire, il
s'adressa à Jeanne d'Arc dont la
mission divine pour donner la paix
à la France et la délivrer des Anglais paraissait si bien établie qu'il
lui demanda par lettre (août 1429)
de supplier Jésus-Christ de déclarer par elle auquel des trois papes
on devait obéir, de Martin V, de
Clément VIII ou de Benoit XIV.
Jeanne répondit de Compiègne le
22 août : « De laquelle chose ne
vous puis bonnement faire savoir
au vray, pour le présent. Mais quant
vous sorez que je seray à Paris,
envoiez ung message par devers
moy et je vous feray savoir tout au

vray auquel vous devrez croire et
que en aray sceu par le conseil de
mon droiturier et souverain Sei-
gneur » (1). Les juges de Jeanne
d'Arc tirèrent parti de cette lettre
contre elle pour l'accuser d'avoir
douté de la légitimité de Martin V.

Au moment où elle l'écrivait, la
situation venait de se simplifier par
l'abdication (26 juillet 1429) de
Clément VIII, et Jean IV se rallia
à Martin V qui lui pardonna par
une bulle du 7 avril 1430. Ce pape
avait en outre donné précédemment
à l'évêque de Rodez le pouvoir
d'absoudre les partisans de Be-

1. Pour les lettres du comte d'Armagnac et de
Jeanne d'Arc, voir : Joseph Fabre, *Procès de condamnation de Jeanne d'Arc* (Hachette, p. 92-94) et *Procès
de réhabilitation* (Delagrave, p. 300).

noit XIII. (Arch. de l'Aveyron G.36.)

Jean Carrier seul tint bon et continua la résistance : mais il fut pris à Puylaurens en 1433, emprisonné au château de Foix où il mourut sans s'être rétracté.

Le pontificat de Benoit XIV ne fut donc guère que nominal, son rôle tout passif : il se borne, semble-t-il, à accepter son élection sans rien faire pour la défendre, s'en remettant sans doute de ce soin à son créateur.

Il avait eu cependant des partisans fidèles dans certaines régions du Rouergue, comme le prouve l'histoire d'une famille de paysans, naïfs et entêtés disciples de Carrier. Leur odyssée est curieuse et leurs malheurs méritent d'être connus.

A deux lieues du château de Tourène, au hameau du Coulet, près de Montou, dans la commune de la Salvetat-Peyralès, vivait un forgeron, Jean Trahinier et sa famille. Au lieu de fréquenter l'église de Montou, dont le curé reconnaissait Martin V, ils s'en allaient recevoir les sacrements à Cadoulette ou à Murat où ils trouvaient des prêtres appartenant à la petite église : Jean Moysset, Guillaume Noalhac de Jouqueviel et Jean Farald.

Les Trahinier croyaient que, après la mort de Benoît XIII, le vrai pape avait été Benoît XIV, c'est-à-dire Bernard Garnier, qui était mort après avoir nommé cardinal Jean Farald.

Celui-ci pour combler la vacance du trône pontifical, avait élu le cardinal Jean Carrier qui avait repris le nom de Benoit XIV.

Martin V n'était pour eux qu'un antipape qu'ils traitaient d'une façon méprisante en disant de lui : Arri, Marti! (1) (Hue, Martin!)

Après des démêlés du fils Trahinier avec l'Inquisition, qui le fit jeter quelque temps en prison à Najac, vers 1446, le père Jean Trahinier et ses enfants Pierre, Baptiste et Jeanne, pour pratiquer librement leur croyance, quittèrent le pays et menèrent pendant plus

1. Surnom populaire des ânes.

de vingt ans une vie errante, vivant
dans les bois ou les gorges du
Viaur, ne sortant que la nuit,
nourris par la charité ou le produit de quelques journées de travail, s'abouchant parfois avec des
prêtres de leur secte pour recevoir
les sacrements et notamment, dans
le bois des Infournats, de la main
du prétendu cardinal Jean Farald
qui avait apporté deux hosties con-
sacrées entre les feuillets d'un livre.

Ils furent arrêtés tous, moins
Baptiste, en 1467 au moulin de la
Solairie, écroués à Rodez et leur
procès commença le 17 avril devant l'official et le vicaise général
de l'évêque. Devant le tribunal ils
proclamèrent leur croyance obsti-

née au pape Jean Carrier qui pour
eux était encore vivant et atten-
dait, d'après une prophétie très ré-
pandue de l'ermite de Calabre, Té-
lesphore, du xiv⁰ siècle, qu'un roi
de France nommé Charles, fils
d'un autre Charles, vint découvrir
dans sa retraite le vrai pape et le
replaçât à la tête de la chrétienté.
Ils déclarèrent avoir mieux aimé
perdre leurs biens que compromettre leur salut en entrant dans
« l'Église maligne ». Ils refusaient
les sacrements de tout autre que
d'un prêtre de leur Eglise.

Le père mourut pendant le pro-
cès sans s'être rétracté. Le fils
Pierre en appela au roi de France.
Jeanne abjura. Tous deux revêtus

de sarraus, où était représentée l'histoire de leur crime, entendirent le 25 mai 1467, sur la place du marché-Neuf à Rodez, lecture de la sentence rendue contre eux aux noms de l'évêque de Rodez et de l'inquisiteur de Toulouse. Le père défunt, qui se faisait appeler le prophète Elie, était convaincu de schisme et d'hérésie ; ses restes étaient livrés au bras séculier ; (1), et la fille condamnée à la prison perpétuelle, au pain et à l'eau. Ils

---

1. Petrum Trahinerii relinquimus brachio et judicio curie secularis eamdem affectuose rogantes quatenus *circa* mortem et membrorum ejus mutilationem circa ipsum suum judicium et suam sententiam moderetur. (Sentence p. 34, N. Valois).

Circa est fautif pour *citra*. Le bras séculier ne pourra condamner ni à la mort ni à la mutilation. Les juges de Rodez étaient moins sévères pour les relaps que ceux de Rouen. (*Annales du Midi*, janvier 1900, p. 139, A. T.)

avaient, le fils 40 ans et la fille
35 ans.

Cette histoire extraite d'une pièce
de procédure de la bibliothèque
Sainte-Geneviève (ms. 863), prouve
une fois de plus le trouble profond jeté dans les esprits par le
grand conflit du xive siècle.

On a vu dans l'exposé que nous
venons de faire combien fut tourmentée l'Église pendant cette longue
période ; on y a vu défiler les principaux acteurs de ce grand drame
religieux au premier rang desquels se distingue Benoit XIII.
Ensuite nous avons voulu surtout
mettre en lumière le rôle important que jouèrent dans ce conflit
Bernard VII, *par la grâce de Dieu,*

comte d'Armagnac et de Rodez, et
le cardinal Jean Carrier, trainant
à sa suite Bernard Garnier, sacriste de Rodez, l'antipape Benoit XIV. La dernière partie aura
révélé ce que la précédente avait
fait prévoir, c'est-à-dire que la po-
pulation rurale du Rouergue s'é-
tait en quelques régions laissé entraîner de bonne foi au schisme
et y était même demeurée fidèle
longtemps après que le schisme
proprement dit eut pris fin. Si les
Trahinier avaient été des personnages de plus haute condition, il
ne serait pas téméraire de reculer
jusqu'en 1467 la date de la cessa-
tion du grand schisme d'Occident
dont les uns fixent le terme en 1417

après le Concile de Constance et
les autres en 1449 après l'abdication de Félix V.

APPENDICE

Note A.

Chateau de Tourène

Nous lisons dans un opuscule de M. Edmond Cabié, paru en 1890, sous le titre : Les *Gorges du Viaur*, les lignes suivantes relatives au château de Tourène. On remarquera que les dates relatives à Jean Carrier diffèrent un peu de celles que nous adoptons.

« L'emplacement du château de Tourène, vis-à-vis du moulin de ce nom sur le Viaur, est dans la commune de Crespin.

Là, la gorge du Viaur, toujours fort rétrécie, hérisse ses flancs d'une suite d'escarpements déchiquetés. A mi-hauteur, sur une retraite étroite que forment quelques prismes de gneiss, on distingue des restes insignifiants de maçonnerie. Là, s'élevait au moyen-âge un château féodal dont les habitants du pays ont conservé le souvenir : ils appellent encore ces restes, *lou castel de Toureno* ; mais ils ne connaissent que son existence et puis plus rien.

Jean Carrier, archidiacre de Saint-Antonin et *prieur de Lédergues*, qui remplissait dans le pays l'office de collecteur du Saint-Siège était un partisan de Benoit XIII. Martin V chargea Gérard Brie, chanoine de Narbonne, de faire rentrer les schismatiques sous son obéissance. Carrier, réfugié dans le château de Tourène, résista.

Par une bulle d'avril 1421, Martin V prie les Albigeois de seconder l'action de ses commissaires J. du Puy, inquisiteur de Toulouse, et Hélie Quadragésime.

De son côté, le légat Gérard demanda aux consuls d'Albi de lui envoyer des troupes, armes et vivres pour faire la guerre à Jean Carrier, hérésiarque, scandale de l'univers, criminel de lèse-majesté, désavoué par Jean d'Armagnac et assiégé par les commissaires du pape et du Dauphin régent. Les Albigeois obéirent à cette réquisition et le siège fut fait en 1422 et repris en 1423. On ne prit pas Jean Carrier. En nov. 1424, il fut créé cardinal de St-Etienne *in Cælio monte* par Benoit XIII ; il se rendit en déc. 1425 à Péniscola pour choisir un nouveau pape, refusa de reconnaitre la validité de la nomination faite par les autres cardinaux et élut un pape (1425).

En 1429, il quitta Péniscola secrètement revint en France et fit connaitre son élection à Jean d'Armagnac qui n'avait pas encore pris un parti définitif. Peut-être revint-il à Toulouse, mais obligé de fuir et de se cacher pour échapper aux agents de Martin, il fut arrêté à Puylaurens et livré au comte de Foix qui le fit enfermer dans son château où il mourut en 1434.

Hugues de Caumont était coseigneur de Tourène en 1446. On ne sait quand le château fut détruit ; les ruines avaient presque totalement disparu au milieu du siècle dernier, car elles ne figurent pas dans la carte de Cassini. »

Note *B*.

Pièce de Procédure

Rodez, 17 avril-25 mai 1467. — Procès de Jean, Pierre et Jeanne Trahinier, paysans du Rouergue, jugés et condamnés par l'évêque de Rodez et par l'inquisiteur de Toulouse, pour avoir continué d'obéir à Pierre de Luna et à ses successeurs.

In nomine Domini, amen. Noverint universi et singuli quamdam causam preventionalem fuisse motam anno Incarnationis dominice M° CCCC° LX° VII° et die veneris xvii° mensis aprilis intitulata, pontifficatus sanctissimi in Christo patris et domini nostri domini Pauli, divina providentia pape secundi, anno tertio, et reverendo in Christo patre et

domino nostro domino Bertrando de
Challençonio] miseratione divina Ruthenensi episcopo existente, apud civitatem
Ruthenam, infra castrum Caldagose (1), in
quo quidem Johannes Trahinerii, faber
del Colet, parrochie de Montoue, Ruthenensis diocesis, Petrus Trahinerii et
Johanna Trahineyra, ejus filius et filia,
tamquam a communi fidelium societate
disrupti, detinebantur carceribus manci-
pati, coram venerabilibus et circum-
spectis viris dominis Johanne Grossi, canonico Ruthenensi, vicario generali, et
Poncio Berbiguerii, canonico Albiensi,
officiali Ruthenensi, in decretis licenciato et in legibus baccallario, ibidem,
hora vesperorum vel circa, supra quod-
dam scamnum more majorum sedenti-
bus, inter procuratorem fiscalem domini
nostri Ruthenensis episcopi, promoven-
tem ex suo officio, ex una, et predictos,
Trahinerii preventos, ex alia partibus ;
in qua quidem causa ibidem per magistrum Firminum Terrelli, notarium
dicte civitatis Ruthene, ut procuratorem

---

(1) Tous de Caldegouze.

et eo nomine dicti domini nostri Ruthenensis episcopi, contra preffatos preventos, et eorum quemlibet ibidem presentes traditi fuerunt sequentes articuli
hujus tenoris.

Ut vobis, [r]everendo in Christo patri
domino episcopo Ruthenensi, seu vicariis et commissariis a vobis [datis], ap-
pareat aparereque possit evidenter Johannem Trahinerii, fabrum del Colet,
Petrum Trahinier, ejus filium, et Johannem Trahinerii, ejus filium, et Johannam,
ejus filiam, detentos in carceribus epis-
copalibus civitatis Ruthene pro facto fidey, fuisse et esse scismaticos et hereticos, a communi fidelium societate dis-
ruptos, extra vinculum caritatis et pacis
Ecclesie catholice, et articuli *Credo unam
sanctam Ecclesiam catholicam* violatores,
pertinaces et incorrigibiles, et tales per
vos et vestram sententiam diffinitivam
declarandos fore et declarari debere, procurator et eo nomine dicti domini episcopi Ruthenensis ex suo officio promo-
vens, dicit et in facto ponit contra eos-
dem et quemlibet ipsorum ea que se-
cuntur per ordinem.

In primis enim dicit et pro notorio
et manifesto ponit in facto quod olim
dominus Petrus de Luna, qui se in suis
obedientiis Benedictum XIII nominabat,
in sacrosancta generali sinodo Costan-
tiensi, universalem Ecclesiam represen-
tante, post legitimos processus contra
eumdem exorditos, finaliter et diffinitive
fuit declaratus perjurus, Ecclesiam universalem scandalizans, fautor inveterati
scismatis et divisionis Ecclesie, pacis et
unionis ejusdem turbator, scismaticus,
hereticus, a fide devius, et articuli fidey
Unam sanctam catholicam Ecclesiam vio-
lator, pertinax, incorrigibilis, omni titulo,
gradu, honore dignitate indignus, et omni
jure sibi in papatu et Romano pontif-
ficio quomodolibet competente tamquam
membrum aridum precizus, ejectus et
privatus; et fuit lata dicta sententia ka-
lendis augusti, anno Domini M° CCCC°
decimo septimo, Sede Apostolica vacante.
Item quod, post hujusmodi deposi-
tionem et ejectionem, reverendissimi
sancte Romane Ecclesie cardinales, tunc
in dicto generali consilio presentes una-
nimiter et concorditer ac rithe, sancte

11

et canonice elegerunt in summum ponti-
ficem et verum Christi vicarium bone
memorie dominum Odonem de Columpna, cardinalem, qui postmodo fuit
nominatus Martinus papa quintus.

Item quod tota christianitas de predictis dicto Petro de Luna, heretico et
scismatico, a quodam Johanne Carrerii,
anticardinale S. Stephani nuncupato, et
Christi vicario obedivit, quamdiu vixit.

Item ex post preffatus dominus Martinus papa quintus excommunicavit et
anathematizavit dictum Petrum de Luna,
antipapam, ac omnes eidem adherentes,
complices et secaces et eidem dantes
auxilium, consilium vel favorem.

Item, deffuncto domino Martino papa,
fuit assumptus ad summum pontiffici(i)
apicem dominus Eugenius quartus, post
Eugenium Nicholaus, post Nicholaum
Calixtus, post Calixtum Pius, post Pium
Paulus secundus modernus.

Item quod dictis summis pontifficibus,
cuilibet pro suo tempore, tota christianitas obedivit, prout de presenti obedit
domino Paulo moderno, tamquam veris
et indubitalis Romane ecclesie pontiffi-

cibus et Christi vicariis, palam publice et notorie.

Item quod dicti summi pontiffices, tamquam capud Ecclesie et Christi vicarii. una cum ceteris catholice fidey cultoribus in obedientia Romane Ecclesie percistentes, fecerunt et faciunt de presenti unam sanctam catholicam et apostolicam Ecclesiam et unum corpus mixticum cujus Christus est capud.

Item quod quilibet fidelis christianus, sub peccato heresis, ex precepto ita firmiter proffiterii et credere tenetur; alias contrarium credentes sunt et declarari debent heretici et extra Ecclesie unitatem.

Item quod dicti compreventi et quilibet eorum, licet nobiscum sunt in observatione omnium preceptorum et sacramentorum ecclesiasticorum, tamen eorum inquieta temeritate arbitrantes se facere et dicere pro Ecclesia sancta catholica, sunt extra unionem et obedientiam Romane Ecclesie, scismatici, heretici, relapsi, pertinaces et a communi fidelium societate disrupti, et pro talibus se jesserunt per xxx annos proxime ef-

fl:;xos continuos, et tales fuerunt habiti,
tenti et repulati palam et publice in
tota diocesi Rutheneusi, in scandalum
Ecclesic et animarum suarum grave pe-
riculum.

Item, pro dicti precedentis articuli
declaratione, dicit procurator predictus
quod dictus Johannes Trahinerii et dicti
ejus liberi, in hac causa Inquisitionis
preventi, dixerunt et dicunt ac pertinaciter manutenuerunt et affirmaverunt,
toto tempore quo habuerunt discretio-
nem, et dicunt de presenti quod dominus Petrus de Luna Benedictus XIII,
non obstante pretensa ejectione seu pri-
vatione facta in consilio Constantiensi
de persona sua, remansit verus papa
et fuit male et indebite privatus et ju-
dicatus nulliter, sed per solam poten
tiam.

Item quod dominus Odo de Columpna,
qui se dicebat papam Martinum quin-
tum, non fuit verus papa, nec ceteri
post cum assumpti ad pontifficium Romanum non fuerunt. neque dominus
Paulus modernus non est, veri pontiffices; ymo omnes qui crediderunt et

credunt eos fuisse papas et Christi vicarios fuerunt et sunt scismatici et non faciunt Ecclesiam catholicam, sed Ecclesiam malignam, vocando injuriose dictum dominum Martinum papam : *Arri, Marti !*

Item quod episcopi, prelati et sacerdotes dicte obedientie promoti vel ordinati ad ordines auctoritate dicti domini Martini et successorum suorum non fuerunt neque sunt rithe promoti, nec habuerunt nec habent de presenti potestatem aut auctoritatem conficiendi sacramentum altaris, benedicendi aquam, conficiendi sanctum crisma, absolvendi de peccatis, battizandi, matrimonialiter conjungendi, aut alia sacramenta Ecclesie ministrandi, aut executionem aliquorum sacramentorum ministrandorum, nisi in quantum virtute illorum verborum que pro quolibet sacramento sunt ordinata juvant, et, si de facto, presumant dicta sacramenta ministrare, non prosunt ad salutem ac si layci profferendo illa verba hoc facerent, et credunt dicta sacramenta habere eumdemmet effectum si layci profferendo verba substantialia hoc facerent et dicerent.

Item dicunt quod ipsi preventi et omnes alii christiani qui crediderunt et adhuc credunt dictum dominum Petrum de Luna Benedictum XIII fuisse, quamdiu vixit, verum papam et Christi vicarium et, post eum, Ber[nar]dum Garnerii, sacristam ecclesie Ruthenensis, papam decimum quartum electum per dominum Johannem Carrerii, cardinalem S. Step'ani, et, mortuo dicto domino Bernardo, dictum Carrerii fuisse et esse papam Benedictum XIII, faciunt et representant unam sanctam, catholicam Ecclesiam, et in ipsis remansit et remanet tota auctoritas Ecclesie catholice, et illam ipsi credunt et non in aliam maledictam.

Item, ad demonstrandum eorum hujusmodi pertinaciam, ipsi cessarunt et omiserunt per xxxv annos continuos proxime lapsos audire missam in eorum parochiali ecclesia de Montoue et confiteri peccata sua et alia sacramenta ecclesiastica recipere, pro eo quia rector dicte ecclesie erat de obedientia domini Martini, et non de obedientia domini

Benedicti, et sic non habebat aliquam auctoritatem celebrandi vel ministrandi sacramenta, séd erat scismaticus et de parte Ecclesie maledicte.

Item quod dicti preventi eorum pre dictam oppinionem dogmatizarunt et imprecerunt intellectui diversarum personarum, ad quorum subgestionem plures persone adheserunt eorum false oppinioni, in dampnationem animarum suarum.

Item quod, viginti anni jam effluxerunt, dictus Petrus compreventus, per fratrem Lenesonis, locumtenentem domini Inquisitoris fidey, fuit captus et in castro de Najaco pro dicta heresi detentus, et post certum processum dictus Petrus abjuravit et a se abdicavit dictam falsam oppinionem, et professus est obedientiam veram domini Eugenii pape, veri romani pontiificis, cum juramento, et cum hiis fuit relaxatus, et postmodum reddiens ad parentes suos relapsus est in pristina falsa oppinione sua.

Item ex post dicti tres preventi, relictis omnibus eorum bonis, fugiendo consorcium ceterorum catholicorum, ex post per xx annos et ultra steterunt bes-

tialiter per nemora, cavernas et loca abs-
condita; ita quod non ambulabant nisi
de nocte et per vias oblicas, ut ab aliis
catholice Ecclesie cultoribus non cape-
rentur nec cohiberentur a desistendo a
via mala dampnata, et non curarunt
confiteri nec recipere corpus Christi,
nisi fautores dicti Petri de Luna hoc
secrete facerent.

Item quod premissa omnia confessi
fuerunt verbis expressis, et ita est verum
publicum et manifestum. Quare con-
cludendo ex premissis pertinenter, procurator predictus petit, requirit et supli-
cat dictos preventos et eorum quemlibet
finaliter et diffinitive per vos, dominos
predictos, pronunciari et declarari scismaticos et hereticos et alias, ut in pref-
facione primi articuli continetur, et eos
privari et inhabiles reddi ad quecum-
que officia et honores, una cum confis.
catione bonorum, et alias eos puniri juxta
casus exhigentiam secundum legitimas
et canonicas sanxiones.

Qui quidem preventi, super dictis articulis eis sibi in vulgari perlectis, et
primo ad primum, qui incipit *In pri-*

mis, etc., dixerunt et responderunt se bene audivisse dici quod in illo Consilio privaverant papatu dominum Petrum de Luna Benedictum XIII ; sed hoc facere non potuerunt, nisi de facto, cum esset verus papa, et fuerit quamdiu vixit.

Item, super secundo articulo, incipiente : *Item quod , post 'hujusmodi deposilionem, etc.*, dixerunt se bene audivisse dici quod tunc in Consilio Constanciensi fuit electus in papam papa Martinus ; sed electio illa nichil valuit, nec propterea fuit papa ; ymo fuit intrusus per vim, et papatus semper remansit domino Benedicto pape XIII.

Item, super tercio articulo, dixerunt quod aliqui obediverunt ipsi domino Martino, et alii obediverunt domino Benedicto pape, et propterea fuit et adhuc est scisma in Ecclesia : tamen ipse dominus Martinus non fuit verus papa, sed dominus Benedictus XIII, cui dicti preventi obediverunt tamquam vero summo pontiffici, et etiam dominus Johanes Carrerii, cardinalis S. Stephani, et plures alii, qui tenebant bonam et meliorem partem , et propterea dictus dominus Benedictus non fuit scismaticus neque hereticus, sed valentissimus papa et verus Christi vicarius.

Super quarto, dixerunt nescire; sed, si hoc fecit, excommunicatio sua nichil valuit, cum non esset verus papa.

Super quinto, dixerunt se bene audivisse quod nominati in articulo post mortem domini Martini fuerunt electi in pontifices romanos, pro talibus nominati per illos qui eis obediebant, sed eorum electio non valuit; ymo tota potestas remansit et adhuc remanet in ipso Benedicto XIII et suis successoribus.

Super sexto, dixerunt quod obediverunt eis illi qui voluerunt, tamen ipsi preventi eis nunquam obediverunt, nec obedire volunt, cum non fuerint veri summi pontifices, sed intrusi per vim et potentiam.

Super septimo, dixerunt quod nichil est, ymo obedientes eis faciunt Ecclesiam malignam, et obedientes dicto Benedicto et suis cardinalibus faciunt Ecclesiam catholicam, de qua Ecclesia ipsi preventi sunt, et illam credunt et non aliam. Interrogati qui succedunt in pa-

patu dicto domino Petro de Luna Benedicto, cum jam mortuus sit diu est,
dixerunt quod, eo mortuo, dominus Johannes Carrerii, cardinalis S. Stephani,
elegerat dominum Bernardum Garnerii,
sacristam ecclesie Ruthenensis, et ille
fuit verus papa, sed non audebat se
talem nominare propter metum Ecclesie
Maligne ; qui fecit cardinalem dominum
Johannem Faraldi, et ipse dominus Johannes Faraldi elegit in papam dominum Johannem Carrerii, et ille est papa
de presenti. Interrogati et si dominus
Johannes Carrerii sit mortuus, qui est
nunc papa successor domini Benedicti,
dixerunt quod rex Francie debet ipsum
reperire et relevare Ecclesiam, videlicet
Karrolus, filius Karroli. Interrogati quo-
modo hoc sciverunt, dixerunt quia sic
scriptum est in profleciis.

Super octavo, dixerunt quod ipsi non
credunt quod ipsi fuerint veri summi pontiffices, et propterea eis non crediderunt,
sed domino Benedicto XIII et suis predictis successoribus, et hoc faciendo
sunt veri catholici et non heretici, et
credunt cum hoc salvare animas eorum.

Super nono, dixerunt quod ipsi sunt veri christiani et credunt in Deum patrem et omnes articulos fidei et alia que sancta mater Ecclesia catholica credit; sed tamen non credunt, ut predixerunt, in pontifficibus Romanis predictis qui occupaverunt de facto et indebite papatum Romanum, sicut in eis credunt illi qui sunt de parte Ecclesie maligne, et in illa credulitate volunt vivere et mori. Cetera contenta in articulo negant.

Super decimo, confessi fuerunt contenta in ipso articulo fore vera, quia sic verum est, excepto quod non dixerint hoc pertinaciter, sed manutenendo veritatem et meliorem partem.

Super undecimo, confessi fuerunt omnia contenta in eodem fore vera, quia ita dicebat et affirmabat dominus Johannes cardinalis S. Stephani.

Super duodecimo, confessi fuerunt omnia in dicto articulo contenta, quia ita est verum.

Super decimo tercio, confessi fuerunt omnia in dicto articulo contenta, cum illa sit veritas vera.

Super decimo quarto, confessi fuerunt contenta in dicto articulo, non quod hoc fecerint pertinaciter, sed nolebant esse de parte Ecclesie maligne, sed tamen aliquociens confitebantur presbiteris de obedientia domini Benedicti pape, videlicet dominis Johanni Faraldi et Johanni Moysselti et Guilhelmo Noalhaci de Jo caviclh, et ab eis recipiebant eucarestie sacramentum. Interrogati in qua ecclesia communicabant, dixerunt quod, antequam essent fugitivi, in ecclesia de Cadola aut de Murato, et duo anni sunt jam lapsi quod confessi fuerunt et communicaverunt de nocte a domino Johanne Faraldi quondam in nemore de Boscevers parrochie delz Effornatz, juxta ruppem vocatam Rocabelhieyra. Interrogati si dictus Faraldi habebat preparamenta pro dicendo missam et consecrando hostiam, dixit quod non, sed ipsi portaverunt de igne cum quodam panno lineo et de candelis cere, et dictus Faraldi portabat unum superpellicium et duas hostias consecratas inter folia cujusdam libri, et illas eis dimisit et ministravit. Interrogati an ex post confessi fuerint aut communicaverint, dixerunt quod non. Interrogati an de presenti , hoc tempore pascali , volebant confiteri et communicare, sicut boni et veri catholici tenentur et debent facere, dixerunt quod non, nisi haberent presbiteros catholicos qui essent de eorum parte. Interrogati an a die qua recusarunt usque ad tunc confessi fuerint et communicaverint; dixerunt quod non, dempto Petro, qui confessus fuerat peccata sua bis vel ter Ruthene , in domo Hugonis Pilosi, domino Johanni Moyssetti quondam, qui erat de lege eorum.

Super decimo quinto . dixerunt quod dictus Johannes Trahinier de dicta materia pluries loculus fuit illis qui hoc scire vel audire volebant, et aliqui hoc credebant et aliqui non.

Super decimo sexto , non fuit tunc interrogatus dictus Petrus Trahinerii.

Super decimo septimo , dixerunt stetisse fugitivos per xx annos et ultra, quia dubitabant capi , et non audebant se ostendere propter maliciam gentium de parte contraria, quia magis volebant et volunt perdidisse eorum bona et salvare

animas quam esse de obedientia Ecclesie maligne. Interrogati ubi steterint dicto
tempore, dixerunt quod in multis locis.
Uno anno steterunt absconci in loco Pontis
Curvi, in domo hospitis, tribus annis in
molendino de Bedena, prope pontem
delz Effornatz, xv mensibus in molendino de la Solayria, in quo fuerint capti,
et aliis diversis locis in diocesi Albiensi.
Sed dum cognoscebant quod erant di-
vulgati, fugiebant ad alium locum. Interrogati de quo vivebant, dixerunt quod
unus ex filiis dicti Johannis, videlicet
ipse Petrus et Babtista, ejus frater, al-
ternis temporibus, ibant ad terram bas-
sam ad lucrandum jornalia, et de illo
lucro vivebant, et aliquociens eorum
amici et noti secrete eis providebant.

Quibus peractis, dicti domini vicarius
et officialis, unus post alium, verbis gra-
ciosis et salutaribus exortationibus eos
induxerunt, in quantum potuerunt, ut
amore Jhesu Christi desisterent ab illa
falsa et mendaci oppinione, et confor-
marent se unitati sancte Ecclesie Romane, sicut ceteri prelati, viri ecclesiastici et totus populus christianus vivit et

credit : nam hoc faciendo salvabunt animas et relaxabuntur a carceribus et
vivent sicut ceteri vivunt. Qui responderunt cum verbo virtutis quod nunquam in eternum discedent ab obedientia domini Benedicti pape XIII et
ejus successorum, donec Karrolus, filius
Karroli, Francie rex, relevaverit Ecclesiam et repererit veritatem ; quia, scito
quod ipsi sint numero pauci de dicta
obedientia eorum, Ecclesie catholice veritas concistit in parte meliori et ita
Deus vult pro ipsis. Interrogati an ha-
buerint aliquas revelationes ut ita de-
beant affirmare, dixerunt quod non ;
tamen dictus Johannes Trahinerii no-
minat se Heliam proffetam ; an sit
proffeta, Deus scit et non nos. Et dictus magister Firminus Terralhi, procurator nomine quo supra, acceptavit eorum confessionem in eorum prejudicium,
et conclusit ut in suis articulis. Et sur-
gens dictus Petrus Trahinerii, aliis duo-
bus obmutescentibus, in requisitis per
dictum procuratorem non concentiit, sed
appellavit ad dominum Francie regem,
ad quem spectat reperire veritatem Ec-

clesie et verum papam.

In qua quidem causa in tantum exinde processum extitit inter dictas partes quod tandem fuit renunciatum et conclusum in eadem, et assignatum eisdem ad audiendum sententiam, ut lacius constat processu super hoc exordito. Hinc igitur fuit et est quod, anno quo supra Domini Mᵒ CCCCᵒ LXᵒ VIIᵒ, die vero lune intitulata xxvᵃ mensis madii, apud dictam civitatem Ruthene, in platea dicte civitatis dicta de Mercat Nou, coram prelocuto reverendissimisque in Christo patribus dominis Bertrando de Chalençonio, miseratione divina Ruthenensi episcopo, ac fratre Anthonio Teleyssi, ordinis Predicatorum, in sacra pagina professore, inquisitore heretice pravitatis in regno Francie, in presentia nostrorum Anthonii Cayronis et Antonii Robberti notariorum testiumque infrascriptorum, ac cleri et populi propter infrascripta de mandato dictorum dominorum congregatorum, venerunt ibidem et comparuerunt videlicet dominus Glaudius Scorialha, procurator preffati domini nostri Ruthenensis episcopi, ex

una parte, item predicti Petrus et Johanna Trahinerii, frater et sorror, qui
ibidem, de mandato quorum supra, fuerunt cum davantalibus ex facinoribus
suis depictis ducti et in quodam par-
gueto eminenti in altiori loco, ut ab
omnibus videri possent, reppositi, ex
alia parte. Quibus peractis, factoque
publico sermone per dictum dominum
Inquisitorem, relatoque processu habito, ac prestitis juramentis per dominos officiarios et consules tam civitatis quam burgi Ruthene ibidem presentes in talibus prestari solitis ; et facta
monitione verbali sub pena excommunicationis ne aliquis ipsorum presen-
tium haberet impedire officium Inqui
sitionis directe nec indirecte, ac recita-
tis et concessis indulgentiis, ut est mo-
ris, ex parte ipsorum dominorum, preffati domini episcopus et inquisitor, sacrosanctis euvangeliis coram ipsis po-
sitis, ut de vultu Dei eorum proderet
judicium et occuli sui in hiis et aliis
semper prospicerent equitatem, signan-
tes se venerabili signo sancte crucis, sedentes pro tribunali, ad sententiam hu-

jusmodi processerunt; prout in quadam
papiri cedula, ibidem in publica audientia de mandato dictorum dominorum per reverendissimum magistrum fratrem Guillermum Garrici, ordinis me-
morati, sacre pagine professorem, per-
lecta, hujusmodi qui sequitur tenoris continetur.

In nomine Domini, amen. Quoniam nos
Bertrandus, miseratione divina Ruthenensis episcopus, et frater Anthonius
Talayssi, ordinis Predicatorum, sacre
pagine professor, inquisitor apostolicus
in regno Francie per sanctam Sedem
Apostolicam specialiter depputatus, Tho-
lose communiter residens, per inquisi-
tionem diligentem que fit generaliter contra omnes infectos, suspectos, notatos
aut diffamatos de heretica pravitate, per
processum juridicum invenerimus, nec-
non per confessionem propriam ac spon-
thaneam Johannis Trahinerii, alias lo
Fabre del Colet, dum vivebat in huma-
nis, etatis lx annorum et ultra, et Petri
Trahinerii, ejus filii, etatis annorum xl.,
et Johanne Trahinieyra etiam, filie dicti
Johannis, etatis xxxv annorum vel circa,

layeorum parochie de Montoue, Ruthenensis diocesis, factam in judicio legi-
time coram nobis, constat quod dicit
Johannes, Petrus et Johanna dudum inci-
derunt seu commiserunt crimen scismatis ac heresis, diueiusque animo indu-
rato ac obstinato perstiterunt longe plus
quam per xx annos utpote pertinaciter,
asserentes Martinum V ejusque successores non fuisse per ostium in ovile
dominicum ingressos, extitisseque veros
Christi vicarios aut habuisse in Ecclesia jurisdictionem universalem, ymo per
potentiam sibi Sedem Apostolicam usur-
passe ; viros quoque ecclesiasticos órdi-
natos seu promotos ab eisdem Martino
vel Eugenio, Nicholao, Calixto, pio atque Paulo moderno, qui actu Ecclesie
Romane universali presidet, minime fuisse,
sacerdotes habuisseque potestatem seu
auctoritatem virtute ordinum sacrorum
conficiendi corpus Christi in altari(s) sacramento, nisi forcitan sola prolatione
verborum, sicut mere layci, aut ministrandi cetera sacramenta, scilicet penitentie, confirmationis, matrimonii et hujusmodi, totiusque Ecclesie auctoritatem

concistere penes quemdam nuncupatum
dominum Johannem Carrerii ; eumdem
fatue vivere oppinantes et alia quam
plurima nephanda, in enervationem, dis-
cipationem atque destructionem totius
Ecclesie fideyque orthodoxe ac christiane
religionis ; super quibus jampridem de-
prehensi sunt, et confessi fuerunt in
judicio sepenumero gratis et sponte. Et
licet, pendente processu, predictus Johannes Trahinerii viam universe carnis
ingressus fuerit, quia tamen signa peni-
tencie in ejus extremis diebus appa-
ruerint nulla, quamvis sepissime admo-
nitus per eos ad quos spectabat, cum
omni diligentia atque discretione, ut
predictos errores abjuraret atque revo-
caret, reddiretque ad Ecclesie unitatem,
que pie reddire volentibus adhitum num-
quam denegat, quod obstinatus, ut pre-
mittitur, omnibus modis facere recusa-
vit ; idcirco, quia scismatis seu heresis
crimen propter suam enormitatem inter
cetera crimina tenetur esse detestabilius,
et non solum in vivis, sed etiam in mor-
tuis, per jura promptissima vendicatur :
nos, per viam equitatis et justicie ac

juris procedere cupientes, preducti deffuncti liberos aut successores, quorum
noticiam habere potuimus, deprehensos
perhemptorie, aliisque juris solemnita.
tibus observatis, interrogavimus si ali.
quid ad predicti deffuncti excusationem
seu deffensionem racionabiliter ducerent
proponendum. Quibus non valentibus,
ut asseruerunt, cum nichil scirent pro
ejusdem deffensione aut excusatione
stimatione dignum ; habito super hiis
cum multis sapientibus et discretis viris
in utroque jure peritis atque graduatis
tam secularibus quam regularibus dili-
genti consilio et tractatu, habentes pre
oculis solum Deum et orthodoxe fidey
puritatem, sacrosanctis euvangeliis posi-
tis coram nobis, ut de vultu Dei nos-
trum prodeat judicium, et occuli nostri
videant equitatem, presentibus die et lo-
có, sedentes pro tribunali, de predictorum sapientium consilio, per diffinitivam sententiam, quam ferimus in hiis
scriptis, pronunciamus et declaramus pre-
nominatum Johannem deffunctum, per
ea que contra ipsum invenimus, scis-
maticum et hereticum fuisse et in secta

scismaticorum atque hereticorum detes-
tabili impenitentem decessisse, damp-
nantes nichilominus ejusdem deffuncti
memoriam perpetuo in futurum, ejusdem corporis seu cadaveris dispositio-
nem brachio seculari relinquentes, licet
in sterquillinio sepulti. Ceterum, quoniam preffatus Petrus Trahinerii, post-
quam alias confessus fuerat se commi-
sisse in crimen scismatis ac heresis pref-
fate, prout superius est expressatum, et
promiserat atque juraverat parere man-
datis Ecclesie et inquisitorum tam ordi-
nariorum quam apostolicorum et se per-
sequi hereticos ac credentes eisdem, et
abjuraverat omnem heresim in judicio,
fueratque ab excommunicationis vinculo
absolutus, extunc, tamquam canis, ad
vomitum redeundo, culpis veteribus no-
vas addere non verendo, nec divinum
judicium metuendo, in abjuratam a se
prius heresim deprehensus est, sicut pre-
mititur recidisse longoque tempore per-
severasse, per hoc se falso et ficte con-
versum et impenitentem ac perjurum
atque de tam enormi crimine manifesto
se incorrigibilem hostendendo, omnique

gracia, misericordia et audientia, tamquam relapsus in heresim, fecerit sese
indignum, ita quod promitionibus et
juramentis suis nulla sit fides de cetero
adhibenda : idcirco nos, de predictorum
·peritorum consilio et assensu, sedentes
etiam pro tribunali, die et loco presentibus, ad audiendum diffinitivam sententiam eidem Petro Trahinerii perhem-
torie assignatis. dicimus et per nostram
diffinitivam sententiam in hujusmodi presentibus scriptis pronunciamus et declaramus ipsum Petrum Trahinerii esse relap-
sum in heresim a se in judicio abjuratam ; et, cum Ecclesia ultra non habeat
quid faciat pro suis demeritis contra ipsum, ea propter eumdem Petrum Trahinerii, tamquam talem, relinquimus brachio et judicio curie secularis, eamdem
affectuose rogantes, prout suadent canonice sanxiones, quatenus citra mortem et
membrorum ejusdem mutilationem circa
ipsum suum judicium et suam sentenciam
moderetur ; preffato vero Petro Trahinerii, si digne penituerit, penitenti ac
petenti, sacramentum penitentie et eucarestie non negetur, quin pocius eidem

ministretur. Porro quamquam Johana superius nominata etiam in heresis crimine, modo quo supra, deprehensa fuerit, inventaque post perseverantiam plu-
rium annorum diucius obstinata in eadem, non obstantibus fide dignorum
exortationibus atque monitionibus, prout
per ejus confessionem et alia in processu contenta lacius patet ; verum, quia
nulli corde puro reddire volenti Ecclesie
gremium denegatur, idcirco, quia, for-
tacis implorante Spiritu Sancto, non
obstantibus premissis obstinationibus, ut
facie prima dignoscitur, tam per verba
ipsius quam per evidentissima penitentie
signa, se predictam sectam atque heresim dampnatissimam velle dimittere, coram nobis plerumque asseruit atque
affirmavit, nos ipsam ad reincorpora-
tionem sacrosancte matris Ecclesie, ab-
jurata prius mediante juramento cum
debita solemnitate heresi predicta seu
secta, promissionibus hiis [factis] que
secundum jura per hujusmodi redeuntes
promitti solent atque affirmari, eamdem
absolvimus a sentencia excommunicationis quam et pro hujusmodi heresis cri-

mine incurrerat, assignantes eidem, modo
et forma premissis, in penam pro culpis antedictis carceres perpetuos, pane
doloris et aqua angustie, ibidem subs-
tentandos, ut commissa deffleat et flenda
ulterius non committat; rettinentes nobis
ipsis hujusmodi pene seu sententie mi-
tigationem aut moderationem, que de
jure nobis conceditur. Quoad hanc ul-
timam partem, data et lata fuit hujusmodi sententia (quoad singulas ejus partes) apud civitatem Ruthene, in platea
ejusdem civitatis dicta vulgariter de
Mercat Nou, die lune xxvª mensis madii, anno Domini Mº CCCCº LXº VIIº.

Bertrandus, episcopus.

Frater Anthonius Talayssi, inquisitor
apostolicus.

De qua quidem sententia preffatus
Scorialha, procurator predictus, petiit
retineri ac fieri publicum instrumentum
seu publica instrumenta per nos Anthonium Cayronis et Anthonium Robberti,
notarios, presentibus in premissis venerabilibus et discretis viris dominis Johanne Glanderie, baylivo civitatis Ruthene, Georgio Gasconis, judice v'lle

Ruthene in legibus licentiato et in decretis baccallario, Geraldo de Garrigiis, in utroque jure licenciato, judice comitatus Ruthene, Johanne Carreyronis, in decretis licenciato, judice appellationum dicti comitatus Ruthene, dominis Guil-lelmo Gibionis, Johanne Guibbert, in legibus baccalariis, canonicis ecclesie kathedralis dicte civitatis, nobili G. Vigorosi, mercatore, magistro Aymerico Robberti, in medicina licenciato, Berengario Pujol, mercatore, magistro Hugone Fabri, notario, consulibus predicte civitatis, Petro Rossinhol, burgensi Anthonio Cambaffort et Anthonio Boysso, mercatore, etiam consulibus burgi Ruthene, ac pluribus aliis testibus presentibus adessentibus.

Cayro *(signet du notaire)* notario subscripto.

Ego vero Anthonius Cayronis, etc.

TABLE DES MATIÈRES

300-6-05   RODEZ, IMP. E. CARRÈRE.

www.ingramcontent.com/pod-product-compliance
Lightning Source LLC
Chambersburg PA
CBHW052124090426
42741CB00009B/1946